Wahiba Ben Ab

Le Processus Unifié par la pratique

Wahiba Ben Abdessalem Karaa

Le Processus Unifié par la pratique

Cours et étude de cas

Éditions universitaires européennes

Mentions légales / Imprint (applicable pour l'Allemagne seulement / only for Germany)
Information bibliographique publiée par la Deutsche Nationalbibliothek: La Deutsche Nationalbibliothek inscrit cette publication à la Deutsche Nationalbibliografie; des données bibliographiques détaillées sont disponibles sur internet à l'adresse http://dnb.d-nb.de.
Toutes marques et noms de produits mentionnés dans ce livre demeurent sous la protection des marques, des marques déposées et des brevets, et sont des marques ou des marques déposées de leurs détenteurs respectifs. L'utilisation des marques, noms de produits, noms communs, noms commerciaux, descriptions de produits, etc, même sans qu'ils soient mentionnés de façon particulière dans ce livre ne signifie en aucune façon que ces noms peuvent être utilisés sans restriction à l'égard de la législation pour la protection des marques et des marques déposées et pourraient donc être utilisés par quiconque.

Photo de la couverture: www.ingimage.com

Editeur: Éditions universitaires européennes est une marque déposée de
Südwestdeutscher Verlag für Hochschulschriften GmbH & Co. KG
Heinrich-Böcking-Str. 6-8, 66121 Sarrebruck, Allemagne
Téléphone +49 681 37 20 271-1, Fax +49 681 37 20 271-0
Email: info@editions-ue.com

Produit en Allemagne:
Schaltungsdienst Lange o.H.G., Berlin
Books on Demand GmbH, Norderstedt
Reha GmbH, Saarbrücken
Amazon Distribution GmbH, Leipzig
ISBN: 978-613-1-52742-5

Imprint (only for USA, GB)
Bibliographic information published by the Deutsche Nationalbibliothek: The Deutsche Nationalbibliothek lists this publication in the Deutsche Nationalbibliografie; detailed bibliographic data are available in the Internet at http://dnb.d-nb.de.
Any brand names and product names mentioned in this book are subject to trademark, brand or patent protection and are trademarks or registered trademarks of their respective holders. The use of brand names, product names, common names, trade names, product descriptions etc. even without a particular marking in this works is in no way to be construed to mean that such names may be regarded as unrestricted in respect of trademark and brand protection legislation and could thus be used by anyone.

Cover image: www.ingimage.com

Publisher: Éditions universitaires européennes is an imprint of the publishing house
Südwestdeutscher Verlag für Hochschulschriften GmbH & Co. KG
Heinrich-Böcking-Str. 6-8, 66121 Saarbrücken, Germany
Phone +49 681 37 20 271-1, Fax +49 681 37 20 271-0
Email: info@editions-ue.com

Printed in the U.S.A.
Printed in the U.K. by (see last page)
ISBN: 978-613-1-52742-5

Préface

Dans le domaine de l'ingénierie logicielle, un processus de développement logiciel définit ce qu'il faut faire, à quelle moment et de quelle manière pour réaliser une application informatique. Un processus de développement logiciel permet de fournir les lignes directrices permettant un développement efficace et de qualité d'un produit logiciel. Les étapes d'un tel processus permettent de réduire les risques puisqu'elles permettent d'assurer la communication entre les parties prenantes : utilisateurs, concepteurs et développeurs.

Cet ouvrage présente le processus unifié, qui est basé sur le langage de modélisation UML (Unified Modelling Laguage). UML permet tout au long de ce processus de visualiser, spécifier, documenter, construire et communiquer les modèles d'un système logiciel.

Le processus unifié peut être utilisé, dans le cadre de développement logiciel, par des analystes, architectes, concepteurs, ingénieurs de composant, testeurs, etc. pour délivrer des artéfacts, tels que les cas d'utilisation, les classes, les interactions, les composants, etc. Ces artéfacts sont délivrés à chaque phase du processus unifié : incubation, élaboration, construction et transition. Dans chaque phase, on peut trouver une ou plusieurs itérations. Dans chaque itération de ce processus, plusieurs activités sont accomplies : capture des besoins, analyse, conception, implémentation et test.

Table des matières

Chapitre 1 : Introduction au processus unifié

1. Introduction

Une méthode de conception (ou développement) comprend :
- Des états de modélisation (modèles ou diagrammes),
- Une notation (un langage) qui est utilisée dans les diagrammes et qui les rend compréhensibles,
- Une démarche : un ensemble d'étapes à suivre lors du développement, dans chaque étape, on indique les activités à réaliser.

Un cycle (processus) de développement d'un logiciel : il commence par l'élaboration du cahier des charges (expression des besoins) et se termine par la livraison du logiciel. La conception est une étape intermédiaire dans le cycle de développement et dans laquelle on fait appel à une méthode de conception. Exemple cycle en V, en cascade, spirale, etc.

Un cycle de vie d'un logiciel : il commence par la création du logiciel (suivant le cycle de développement) et se termine par la disparition du logiciel, entre temps le logiciel peut subir quelques modifications (maintenance).

Méthode de conception ⊂ **(est uncluse)** cycle de développement d'un logiciel ⊂ **(est unclus)** cycle de vie d'un logiciel

2. Définition du processus unifié

UML [1], [3] n'est qu'un langage et ne constitue qu'une partie d'une méthode de développement. Il est indépendant des processus de développement, c'est à dire qu'il peut être utilisé dans de nombreux processus. Le Processus Unifié (PU) est un processus particulièrement bien adapté à UML. C'est un processus de développement logiciel construit autours d'ULM. Il s'appuie sur les principes suivants :

- piloté par les cas d'utilisation,

- centré sur l'architecture,

- itératif et incrémental,

Il est considéré comme un ensemble commun des meilleures pratiques de développement logiciel (qui s'adapte à un grand nombre de projets) et non comme une élaboration d'un processus universel.

Le PU est piloté par les cas d'utilisation

Les cas d'utilisation forment un fil conducteur tout au long du processus unifié. Par exemple :

- dans la capture des besoins, les cas d'utilisation servent à exprimer les besoins des utilisateurs en décrivant les services qu'ils attendent du système.

- dans l'analyse les cas d'utilisation seront décrits et analysés.

- dans la conception : les cas d'utilisation seront spécifiés complètement selon l'architecture choisie.

- dans l'implémentation : les cas d'utilisation seront implémentés.

- dans le test : on doit vérifier si les cas d'utilisation ont été correctement implémentés.

Le PU est centré sur l'architecture

L'architecture s'intéresse à la forme globale de l'application. L'architecture envisagée peut être influencée par plusieurs facteurs : l'architecture matérielle, le système d'exploitation, le système de gestion de base de données, les protocoles de communication. Plusieurs solutions peuvent être envisagées :

✓ Dans une architecture client serveur, on s'intéresse à l'introduction dans certains modèles des descriptions des services entre le client et le serveur.

✓ Dans une architecture en couches, on peut viser la distribution des cas d'utilisation entre les différentes couches telles que :

- la couche application : contient toutes les fonctions relatives à l'ouverture et la fermeture d'une session, à la représentation et la transmission des données.
- la couche transport : relative au choix de l'itinéraire (chemin) et l'établissement de la liaison dans un réseau.
- la couche composant matériel : contient les fonctions nécessaires à la transmission physique de données, ainsi que la sécurité et la synchronisation.

✓ Dans une architecture à base de composants, on doit chercher à developper des opportunités de réutilisation. Cette architecture nécessite une définition stricte de la décomposition modulaire.

L'architecture est un objectif principal du procesus car elle est conçue pour satisfaire les besoins exprimés par les cas d'utilisation mais aussi pour prendre en compte les évolutions et les contraintes de réalisation.

Le PU est itératif et incrémental :

Le cycle de développement itératif repose sur l'idée que lorsqu'un système est trop complexe pour être compris, conçu et réalisé du premier coup, il vaut mieux le développer en plusieurs fois par évolution (itération). Pour chaque itération, on spécifie les cas d'utilisation concernés qui seront conçus et implémentés. Le résultat est un programme exécutable, qui est un sous-ensemble de l'application (un prototype) utile pour formuler de nouveaux besoins ou valider des choix.

Les prototypes s'enrichissent à chaque itération, puisque à chaque itération, la couverture des besoins augmente en ajoutant d'autres cas d'utilisation à traiter.

Les itérations doivent être planifiées à l'avance, c'est à dire sélectionnées et classées dans un ordre logique pour atteindre l'objectif principal du projet.

3. Les phases du PU

Le PU comprend 4 phases : Incubation (création ou inception), élaboration, construction et transition. Si chaque phase comprend une seule itération, le nombre d'itérations sera égal à quatre.

Les quatre phases doivent être planifiées chronologiquement. Chaque phase est ensuite divisée en plusieurs itérations. Généralement la première phase (création) et la dernière phase (transition) ne comportent qu'une seule itération. Les deux autres phases peuvent contenir deux itérations ou plus.

3.1 La phase d'incubation

Appelée aussi phase d'inception, de création ou de spécification des besoins. Le premier objectif de cette phase est d'étudier la rentabilité et la faisabilité d'un projet à fin de justifier son lancement. Il faut délimiter la portée du système envisagé pour mieux comprendre son architecture, identifier les risques critiques qui peuvent entraver la réussite du système, faire une estimation des coûts et des délais.

3.2 La phase d'élaboration

Elle montre la capacité de réalisation. Elle a pour objectif de dégager des besoins et des exigences supplémentaires (arriver jusqu'à 80 % des cas d'utilisation) et traiter les risques faisant obstacle à cet objectif. L'environnement de développement va être enrichi pour permettre de mener à bien les activités de cette phase, mais également pour préparer la phase de construction.

La phase d'élaboration poursuit le travail commencé dans la phase d'incubation. Dans cette dernière, on a proposé une architecture candidate (possible), il s'agit maintenant de commencer à la réaliser. Il s'agit de rechercher les cas d'utilisation qui présentent des risques critiques et aussi ceux qui présentent de l'intérêt pour l'architecture du système.

La phase d'élaboration est le moment pour procéder à des itérations et essayer différentes solutions (technologies différentes, structures différentes, etc..) Si le projet est complexe, on peut aller jusqu'à 4 itérations pour pouvoir obtenir une architecture stable (indispensable pour la phase de construction). Une seule itération pourra suffire si le système n'est pas complexe. Le nombre d'itérations dépend de la complexité du système, de l'architecture envisagée et de la gravité des risques. Pour chaque itération, les cinq activités (capture des besoins, analyse, conception, implémentation et test) doivent être reprises.

3.3 La phase de construction

Elle a pour objectif de construire le système et livrer le produit logiciel sous forme opérationnelle initiale prête à assurer un début de fonctionnement dans l'environnement utilisateur (version bêta). La phase de construction complète la description des cas d'utilisation et scénarios restants, modifie l'architecture si nécessaire, elle intègre les sous systèmes et les soumet à des tests avant de passer à l'intégration du système dans son ensemble. La phase d'incubation et celle d'élaboration peuvent être comparées à des activités de recherche, l'effort dans la phase de construction est concentré sur la construction effective d'un système dans le respect des paramètres : Budget, délais et charge de travail.

Les premières itérations de la phase de construction s'attardent sur l'identification et l'analyse du reste des besoins (20% restants). Dans les itérations suivantes c'est l'activité de conception qui joue un grand rôle. C'est dans cette phase aussi que s'effectue la majeure partie d'implémentation et de test.

3.4 La phase de transition

Cette phase aborde l'environnement utilisateur. Elle comprend principalement les sous activités suivantes :

- Installation de l'application chez le client.

- Elaboration des manuels d'utilisation et de la documentation concernant l'application et formation des utilisateurs.

- Correction des erreurs détectées et adaptation du logiciel pour fonctionner avec des paramètres réels.

4. Les activités du PU

Dans chacune des quatre phases, 5 activités se répètent : Capture des besoins, Analyse, Conception, Implémentation et Test, qui sont composées elles mêmes de sous activités :

La capture des besoins : Concerne principalement la description du contexte du projet, définition des besoins fonctionnels et non fonctionnels, ainsi que l'identification des acteurs et des cas d'utilisation.

L'analyse : permet d'analyser les cas d'utilisation sous forme de diagramme de classes et de diagramme d'interaction.

La conception : a pour rôle de préciser l'architecture du système et concevoir les cas d'utilisation en spécifiant pour chaque cas d'utilisation un diagramme de classes et un diagramme d'interaction.

L'implémentation : permet d'implémenter les sous systèmes et les cas d'utilisation en implémentant les classes et les interactions.

Les tests : ce sont principalement les tests d'intégration et les tests relatifs au fonctionnement de tout le système en général.

Chaque phase comprend les mêmes activités, mais les activités n'ont pas la même importance dans toutes les phases. En effet, comme le montre le tableau ci-après, l'activité capture des besoins est plus importante durant la phase d'incubation, puisque environ 50% des cas sont identifiés. Cependant, l'analyse est plus importante au niveau de la phase d'élaboration, alors que dans la phase de construction, ce sont les activités de conception d'implémentation et de test qui sont le plus importantes.

Phase activités		Incubation (ou création)	élaboration		construction	transition
capture des besoins	Cas identifiés	50 %	80%		100%	-
analyse	Cas Analysés	5%	40%à60%		100%	-
Conception, implémentation et tests	Cas Conçus implémentés et testés	Zéro ou peu	Moins de 10%		100%	-
		Itération 1	Itération 2	Itération3	....	Itératio n n

5. Conclusion

Dans ce chapitre, le processus unifié a été introduit, en insistant sur les phases et les activités de ce processus. Dans les chapitres qui suivent, chaque activité est détaillée et illustrée à travers une étude de cas.

Chapitre 2 : La capture des besoins

1. Introduction

L'objectif principal de cette activité est de développer un modèle du système à construire. Ce modèle est élaboré suite à des interviews des parties prenantes. Essentiellement les utilisateurs (les acteurs).

2. Les sous activités de la capture des besoins

L'activité capture des besoins comprend un ensemble de   sous activités appelées également: processus ou Workflow

La capture des besoins est composée des sous activités suivantes :

- Compréhension du contexte du système
- Définition des besoins fonctionnels
- Définition des besoins non fonctionnels
- Recherche des acteurs et des cas d'utilisation
- Affectation des priorités aux cas d'utilisation
- Raffinement (description) des cas d'utilisation
- Structuration du modèle de cas d'utilisation
- Elaboration des prototypes des interfaces utilisateurs

2.1 Compréhension du contexte du système

Il s'agit de faire des interviews avec les utilisateurs pour collecter des informations nécessaires à la compréhension du domaine d'étude ; le résultat de cette activité est un compte rendu textuel décrivant des activités du domaine d'étude. Dans cette activité, on pourrait faire appel :

- A un modèle du domaine
- A un modèle métiers

2.1.1 Le modèle du domaine.

Il définit les classes les plus importantes dans le contexte du système. Le modèle du domaine est un diagramme de classes, ces classes sont trois types :

* Les classes métiers : se sont les classes les plus importantes et le plus utilisées dans l'activité de l'entreprise : par exemple dans la gestion de scolarité, les classes métiers sont : étudiant, filière, classe, niveau, etc. Dans le domaine d'une gestion commerciale, les classes métiers sont : commande, facture, client, article, etc. Dans ce diagramme, les classes ne contiennent ni attributs, ni opérations ou très peu.

* Les classes du monde réel : représentent des informations dont le système doit mémoriser (des informations à consulter, à utiliser). Dans le domaine d'une gestion commerciale, les classes du monde réel peuvent être : chauffeur, véhicule, etc.

* Les classes relatives aux événements : qui doivent se produire ou se sont produits. Dans le domaine d'une gestion commerciale, les classes relatives aux événements peuvent être : échéance, période solde, etc.

2.1.2 Le modèle métiers

C'est un technique permettant de comprendre le processus métiers de l'entreprise l'objectif est l'identification des activités (fonctionnalités) principales à prendre en charge par le logiciel. La modélisation métier peut faire appel à un diagramme de cas d'utilisation, diagramme d'activité ou diagramme d'interaction (diagramme de séquence ou de collaboration).

2.2. Définition des besoins fonctionnels

Un besoin fonctionnel est un besoin spécifiant une action qu'un système doit être capable d'effectuer, sans considérer aucune contrainte physique :

besoins spécifiant un comportement d'entrée/sortie d'un système [2].

C'est un besoin du point de vue de l'utilisateur. Les besoins fonctionnels sont focalisés sur le métier des utilisateurs. La définition des besoins fonctionnels consiste à définir ce que va réaliser le système en terme de métier. Les besoins fonctionnels conduisent à l'élaboration des modèles de cas d'utilisation.

Dans l'étude de cas de la gestion d'une école (voir énoncé en annexe), les besoins fonctionnels peuvent être les suivants :

Gestion des années scolaires :

- Ajout d'une année scolaire

- Consultation d'une année scolaire

- Suppression d'une année scolaire

- Modification d'une année scolaire

Gestion des spécialités :

- Ajout d'une spécialité

- consultation d'une spécialité

- Suppression d'une spécialité

- Modification d'une spécialité

Gestion des diplômes :

- C'est l'ajout, la consultation, la suppression, la modification d'un diplôme

Gestion des Formations :

- C'est l'ajout, la consultation, la suppression, la modification d'une Formation

Gestion des élèves :

- Ajout, consultation, suppression, modification d'un élève

- Enregistrement des notes des élèves

- Edition des relevés des notes des élèves

- Edition un état de résultats des élèves

- Edition des listes des groupes des élèves

- Edition des attestations d'inscription et de présence pour les élèves

- Edition les diplômes de fin de formation pour les élèves

Gestion des Payements :

- Enregistrement, suppression, modification et consultation d'un payement

Gestion des formateurs :

- Ajout, consultation, suppression, modification d'un formateur

- Edition des attestations de travail pour les formateurs

Gestion des matières :

- Ajout, consultation, suppression, modification d'une matière

Gestion des Inscriptions :

- Ajout, consultation, suppression et consultation d'une inscription

- **Affectation des matières aux Formateurs**

- Affecter matière aux formateurs

- Modifier, consulter ou supprimer l'affectation de matières aux formateurs

Affectation des matières aux Formations

- Affecter matière aux formations

- Modifier, consulter ou supprimer l'affectation de matières aux formations

2.3. Définition des besoins non fonctionnels

Un besoin non fonctionnel est un besoin spécifiant des propriétés du système, telles que les contraintes liées à l'environnement et à l'implémentation, et les exigences en matière de performances, de dépendances de plate-forme, de facilité de maintenance, d'extensibilité et de fiabilité [2].

Un besoin non fonctionnel est une liste des exigences ou de besoins techniques. La définition des besoins non fonctionnels permet de recenser toutes les contraintes relatives à la conception et au développement du système. Ces contraintes peuvent concerner les outils de développement, comme l'exigence d'un environnement bien déterminé : ECLIPSE, J2EE, type d'un système d'exploitation, type de SGBD, etc. Les contraintes peuvent aussi être matérielles, comme l'exigence d'une architecture technique bien déterminée (réseau, système répartie, etc.). Ils peuvent aussi concerner tout autre besoin qui n'est pas fonctionnel et qui concernent la réutilisabilité, la sécurité, la performance, l'ergonomie, etc. de l'application.

Dans l'étude de cas de la gestion d'une école (voir énoncé en annexe), les besoins non fonctionnels peuvent être les suivants :

> ➢ L'interface utilisateur doit être lisible et facile à utiliser.
> ➢ Les états édités doivent être bilingues (en français et en anglais)
> ➢ L'application doit fonctionner en réseau
> ➢ L'application doit être sécurisée. L'assistante et le directeur ne peuvent accéder à l'application qu'après une authentification.

2.4. Identification des acteurs et des cas d'utilisation

Cette activité se décompose en quatre sous activités :

• Identifier les acteurs

• Identifier les cas d'utilisation

• Décrire les cas d'utilisation

• Définir d'une façon globale, le modèle de cas d'utilisation (diagramme de cas d'utilisation initial), ainsi que le glossaire pour les termes nouveaux.

Dans l'étude de cas de la gestion d'une école (voir énoncé en annexe), les cas d'utilisation peuvent être représentés dans un diagramme de cas d'utilisation initial (sans inclusion, extension ou généralisation) :

Figure 1 : Diagramme de cas d'utilisation initial

2.5. Affectation des priorités aux cas d'utilisation

Cette sous activité permet de définir un ordre de développement (analyse, conception, implémentation et test) des cas d'utilisation pour préciser ceux qui doivent être traités dès les premières itérations et ceux qui doivent attendre les prochaines itérations. Il faut tenir compte dans cette priorité de l'importance et l'intérêt des cas d'utilisation pour l'entreprise, mais également de la dépendance des cas d'utilisation ; cette priorité peut être indiquée dans un tableau.

Dans l'étude de cas de la gestion d'une école (voir énoncé en annexe), les cas d'utilisation peuvent être classés comme suit :

Cas d'utilisation	Priorité
S'authentifier	1
Gestion des spécialités	1
Gestion des diplômes	1
Gestion des Formations	1
Gestion des années scolaires	2
Gestion des Semestres	2
Gestion des inscriptions	2
Gestion des élèves	2
Gestion des payements	3
Gestion des matières	3
Gestion des formateurs	3
Gestion des examens	3
Affectation matière Formateur	3
Affectation matières Formation	3
Gestion des Notes	3

Figure 2 : Affectation des priorités aux cas d'utilisation

2.6. Raffinement des cas d'utilisation

L'objectif est de décrire les informations concernant un cas d'utilisation, ainsi que les conditions de début et de fin et les interactions entre les acteurs et le système.

Le raffinement des cas d'utilisation est très utile pour comprendre les besoins, les objectifs et les tâches des cas d'utilisation.

Au cours de cette activité, il faut commencer par détailler les cas d'utilisation les plus prioritaires.

Il existe plusieurs formalismes : utilisation d'un diagramme d'activité, utilisation d'un diagramme d'état transition, utilisation d'un diagramme de séquence système (DSS) qui montre l'interaction entre l'acteur et le système ou bien une description textuelle dans la quelle on décrit :

- La pré condition : c'est une condition de démarrage ou de début de scénario.

- La Post condition : c'est la condition de la fin du scénario (c'est le résultat)

- Le scénario principal : c'est le scénario de base, c'est celui qui est perçu par l'utilisateur comme étant le scénario le plus courant. Il comprend en général peu d'exception.

- Le scénario d'exception ou de rechange : qui peut avoir plusieurs origines, l'utilisateur peut faire une autre action ; le système peut détecter des entrées erronées de la part de l'acteur ; le système peut afficher un résultat différent du premier scénario.

Dans l'étude de cas de la gestion d'une école (voir énoncé en annexe), les cas d'utilisation les plus prioritaires sont raffinés en premier lieu :

Raffinement du cas d'utilisation : S'authentifier

L'utilisateur doit pouvoir se connecter au système en composant son login et son mot de passe, le système va s'assurer de son existence en tant qu'utilisateur autorisé avant de lui donner l'accès au système. L'utilisateur peut également modifier son mot de passe :

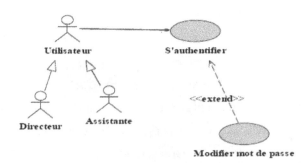

Figure 3 : raffinement du cas d'utilisation "s'authentifier"

Le tableau suivant décrit textuellement le cas d'utilisation " s'authentifier" :

Cas d'utilisation :	S'authentifier
Acteur :	Utilisateur
Pré condition :	l'utilisateur doit être authentifié et autorisé
Post condition :	Aucune
Description du scénario principal :	- L'utilisateur saisit le login et le mot de passe. - Le système vérifie leur existence. -Si l'utilisateur existe, le système affiche le menu principal de l'application
Exception	En cas de non existence de l'utilisateur, le système affiche un message d'erreur
Extension	L'utilisateur peut modifier son mot de passe :

	- L'utilisateur saisit l'ancien mot de passe ainsi que le nouveau mot de passe et une confirmation du nouveau mot de passe. - L'utilisateur clique sur bouton «Enregistrer». - Le système enregistre les modifications.

Le raffinement du cas d'utilisation : «Gestion des spécialités» est le suivant :

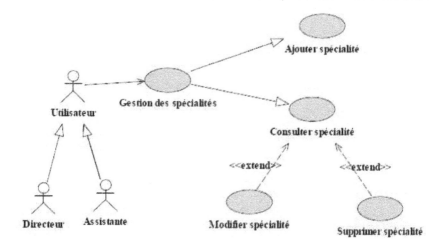

Figure 4 : Raffinement du Cas d'utilisation «Gestion des spécialités»

Le raffinement du cas d'utilisation : «Ajouter spécialité» est le suivant :

Cas d'utilisation	Ajouter spécialité
Acteur	Directeur, assistante
Pré condition	Être déjà authentifié
Post condition	Spécialité Ajoutée
Description du scénario principal	
	1. L'utilisateur clique sur bouton «Ajouter

	spécialité»
	2. Le système affiche un formulaire à remplir
	3. L'utilisateur saisit les données nécessaires (code
	spécialité, libellé …)
	4. L'utilisateur clique sur le bouton **Enregistrer**
	5. Le système vérifie si le code n'existe pas, le système enregistre les données
	6. Le système affiche un message indiquant que l'opération d'ajout a été effectuée avec succès.
Exception	- Si un champ de saisie manque ou en cas d'erreur de saisie, le système affiche un message d'erreur.
	- Si le code spécialité existe déjà, le système affiche un message d'erreur

Le raffinement du cas d'utilisation : «Consulter spécialité» :

Cas d'utilisation	Consulter spécialité
Acteur	Directeur, assistante
Pré condition	Être déjà authentifié
Post condition	spécialité consultée
Description du scénario principal	1. L'utilisateur clique sur le bouton «Consulter». 2. Le système lui affiche la première spécialité 3. L'utilisateur clique sur les boutons de navigation («Suivant», «Précédent»)

Extensions	pour parcourir la liste des spécialités.
	Modifier L'utilisateur peut modifier une spécialité.
	Supprimer L'utilisateur peut supprimer une spécialité.

Le raffinement du cas d'utilisation : «Modifier spécialité» :

Cas d'utilisation	Modifier spécialité
Acteur	Directeur, assistante
Pré condition	Être déjà authentifié
Post condition	spécialité modifiée
Description du scénario principal	
	1. l'utilisateur clique sur le bouton «**Modifier**». 2. Le système affiche le formulaire contenant les données relatives à cette spécialité en mode d'écriture. 3. L'utilisateur effectue les modifications désirées. 4. L'utilisateur clique sur bouton «Enregistrer». 5. Le système enregistre les modifications. 6. Le système affiche un message indiquant que la mise à jour a été effectuée avec succès.
Exception	Si un champ manque la saisie ou une erreur de saisie, le système affiche un message d'erreur.

Le raffinement du cas d'utilisation: «Supprimer spécialité» :

Cas d'utilisation	Supprimer spécialité
Acteur	Directeur, assistante
Pré condition	Être déjà authentifié
Post condition	spécialité supprimée
Description du scénario principal	
	1. L'utilisateur clique sur le bouton «Supprimer» 2. Le système affiche un message s'il est sûr de vouloir supprimer cette spécialité 3. L'utilisateur clique sur le bouton de confirmation. 4. Le système supprime la spécialité courante 5. Le système affiche un message indiquant qu'une opération de suppression a été effectuée avec succès.
Exception	L'utilisateur peut cliquer sur le bouton d'annulation

Le raffinement du cas d'utilisation: «Gestion des diplômes» :

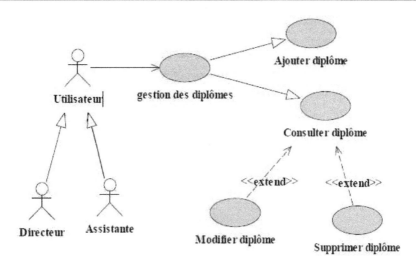

Figure 5 : Raffinement du Cas d'utilisation «Gestion des diplômes»

Le raffinement du cas d'utilisation: «Ajouter diplôme» :

Cas d'utilisation	Ajouter diplôme
Acteur	Directeur, assistante
Pré condition	Être authentifié déjà
Post condition	diplôme Ajouté
Description du scénario principal	
	1. L'utilisateur clique sur bouton «Ajouter diplôme» 2. Le système affiche un formulaire à remplir 3. L'utilisateur saisit les données nécessaires (code diplôme, libellé …) 4. L'utilisateur clique sur le bouton

	«Enregistrer»
	5. Le système vérifie si le code n'existe pas et enregistre les données. 6. Le système affiche un message indiquant que l'opération d'ajout a été effectuée avec succès.
Exception	Si un champ manque la saisie ou une erreur de saisie, le système affiche un message d'erreur.
	Si le code spécialité existe déjà, le système affiche un message d'erreur.

Le raffinement du cas d'utilisation: «Consulter diplôme» :

Cas d'utilisation	Consulter diplôme
Acteur	Directeur, assistante
Pré condition	Être déjà authentifié
Post condition	diplôme consulté
Description du scénario principal	1. L'utilisateur clique sur le bouton «Consulter». 2. Le système lui affiche le premier diplôme 3. L'utilisateur clique sur les boutons de navigations («Suivant», «Précédent») pour parcourir la liste des diplômes.
Extensions	**Supprimer** L'utilisateur peut supprimer un diplôme.

	Modifier L'utilisateur peut modifier un diplôme.

Le raffinement du cas d'utilisation : «Gestion des Formations» :

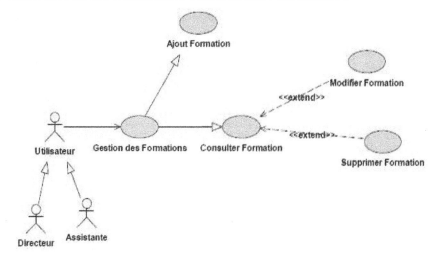

Figure 6 : Le raffinement du cas d'utilisation "gestion de la formation"

Le raffinement du cas d'utilisation : «Ajouter Formation» :

Cas d'utilisation	Ajouter Formation
Acteur	Directeur, assistante
Pré condition	Être déjà authentifié
Post condition	Formation Ajoutée
Description du scénario principal	1. L'utilisateur clique sur bouton «Ajouter Formation» 2. Le système affiche un formulaire à remplir 3. L'utilisateur saisit les données nécessaires (code, libellé, ...)

	4. L'utilisateur clique sur le bouton «**Enregistrer** 5.
	6. Le système vérifie si le code n'existe pas, le système enregistre les données. 7. Le système affiche un message indiquant que l'opération d'ajout a été effectuée avec succès.
Exception	Si un champ manque la saisie ou une erreur de saisie, le système affiche un message d'erreur.
	Si le code spécialité existe déjà, le système affiche un message d'erreur.

Le raffinement du cas d'utilisation: «Consulter Formation» :

Cas d'utilisation :	Consulter Formation
Acteur :	Directeur, assistante
Pré condition :	Être déjà authentifié
Post condition :	Formation consultée
Description du scénario principal :	1. L'utilisateur clique sur le bouton «Consulter». 2. Le système lui affiche la liste des formations 3. L'utilisateur clique sur les boutons de navigations («Suivant», «Précédent») pour parcourir la liste des formations.

Extension :	Modifier et supprimer formation
Modifier formation	1. l'utilisateur clique sur le bouton «**Modifier**». 2. Le système affiche le formulaire contenant les données relatives à cette formation en mode d'écriture 3. L'utilisateur effectue les modifications désirées. 4. L'utilisateur clique sur bouton «Enregistrer». 5. Le système enregistre les modifications.
Supprimer formation	1. l'utilisateur clique sur le bouton «**supprimer**». 2. Le système affiche un message s'il est sûr de vouloir supprimer cette formation 3. L'utilisateur clique sur le bouton de confirmation. 4. Le système supprime la formation sélectionnée 5. Le système affiche un message indiquant qu'une opération de suppression a été effectuée avec succès.

Remarque

A ce stade, tous les cas d'utilisation de première priorité ont été raffinés : Authentification, gestion des diplômes, gestion des spécialités et gestion de la formation. Les autres cas d'utilisation peuvent être raffinés soit dans la première phase (phase d'incubation), soit raffinés, respectivement, les cas d'utilisation de priorité 2 dans la phase d'élaboration et les cas d'utilisation de priorité 3 dans la phase de construction.

2.7. Prototypes des interfaces utilisateurs

Il s'agit de construire des esquisses (squelettes). C'est un prototype d'apparence générale des interfaces utilisateurs jetables, permettant d'exécuter les cas d'utilisation.

Ces interfaces sont destinées aux principaux acteurs.

Dans l'exemple de la gestion de la formation (voir énoncé en annexe), les interfaces utilisateur relatives à "S'authentifier", "gestion des diplômes", "gestion des spécialités" et "gestion de la formation" sont imaginées comme suit :

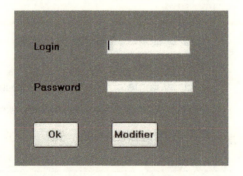

Figure 7 : Prototype de l'interface : «s'authentifier»

Figure 8 : Prototype de l'interface : «Ajouter spécialité»

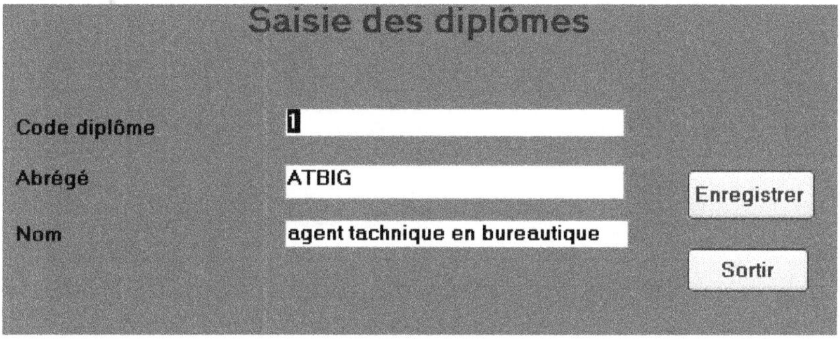

Figure 9 : Prototype de l'interface : «Ajouter diplôme»

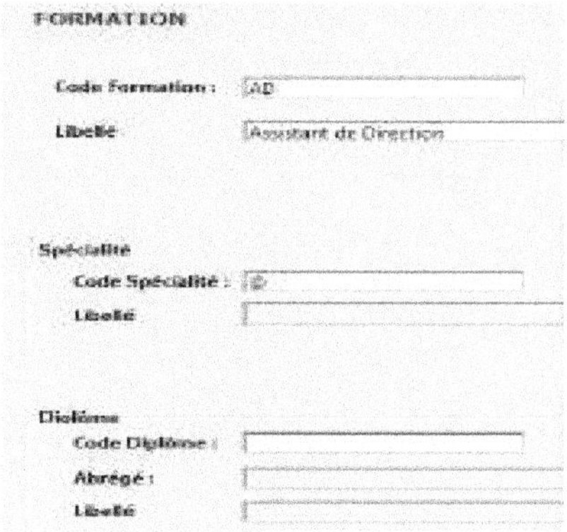

Figure 10 : Prototype de l'interface : «Ajouter diplôme»

Remarque

Les prototypes des interfaces utilisateur concernent uniquement les cas d'utilisation qui sont déjà raffinés.

2.8. Structuration du modèle de cas d'utilisation

Il s'agit de dégager les descriptions générales (généralisation) et partagées (inclusion), ainsi que les descriptions supplémentaires et facultatives (extensions)

Dans l'exemple de la gestion de la formation (voir énoncé en annexe), le modèle de cas d'utilisation peut être le suivant :

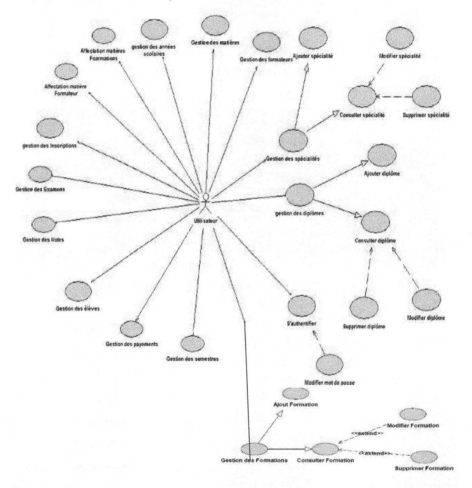

Figure 11 : Structuration du modèle de cas d'utilisation de priorité 1

Remarque

Le diagramme de cas d'utilisation structuré (raffiné) doit contenir tous les détails uniquement des cas d'utilisation qui ont été raffinés durant la phase en cours et les phases précédentes. Les cas d'utilisation non encore raffinés doivent figurer aussi mais sans les détails (sans inclusion, extension ou généralisation).

3. Description des artéfacts de la capture des besoins

Les artéfacts sont les délivrables ou les produits de toutes les sous activités : modèle de cas d'utilisation, acteur, etc.

3.1 Le modèle de cas d'utilisation

Il permet de définir les acteurs, les cas d'utilisation, les relations qui existent entre eux. Il est considéré comme un contrat entre l'utilisateur et le développeur. Il regroupe tous les artéfacts de l'activité : capture des besoins.

3.2 L'acteur

C'est l'utilisateur du système, qui peut être un être humain, une machine ou un logiciel. Il faut décrier les flux entrant, les flux sortants et les traitements réalisés par ces acteurs.

3.3 Les cas d'utilisation

Représentent une partie des fonctionnalités du système. Il faut décrire sommairement les objectifs des cas d'utilisation, ainsi que les différents scénarios.

3.4 Description de l'architecture

Cela concerne le diagramme de cas d'utilisation initial, contenant les fonctionnalités principales du système. Les cas d'utilisation ne doivent pas dépasser une vingtaine et ne doivent pas être concernés par les inclusions, les extensions et les généralisations.

L'architecture concerne aussi le diagramme de cas d'utilisation structuré, qui regroupe les détails des cas d'utilisation en faisant apparaitre par les inclusions, les extensions et les généralisations qui relie les différents cas d'utilisation.

3.5 Le glossaire

Contient et définit les nouveaux termes utilisés dans la description du système, tels que les stéréotypes. Cela permet d'éviter les malentendus.

3.6 Les prototypes des interfaces utilisateurs

Ce sont des interfaces jetables qui vont servir à la réalisation des interfaces finales. Cela permet également de bien comprendre les cas d'utilisation.

4. Description des travailleurs de la capture des besoins

Un travailleur, appelé également est un poste auquel est affectée une personne réelle, chargée de produire un artéfact.

4.1 L'analyste système

Il a la responsabilité de l'ensemble des besoins fonctionnels et non fonctionnels ; son rôle est de déterminer les limites du système, les acteurs et les cas d'utilisation. Il doit également s'assurer que le modèle de cas d'utilisation est complet et cohérent. Il peut faire recours au glossaire pour fixer les termes et les notions utilisés. Il doit y avoir un analyste système par système (domaine d'étude). Cependant, pour les grands projets, on peut faire appel à une équipe d'analystes système qui peuvent être répartis en ateliers.

4.2 Le spécificateur des cas d'utilisation

Son rôle est de fournir une description détaillée des cas d'utilisation (DSS, descriptions textuelles, etc.). Il doit collaborer étroitement avec les utilisateurs des cas d'utilisation

4.3 Le concepteur des interfaces utilisateurs

Il façonner des interfaces (prototypes) en général. Il faut une ou plusieurs interfaces par utilisateur.

4.4 L'architecte

Son rôle est de structurer le modèle de cas d'utilisation

5. Les 3 P (Personne, Processus, Produit) pour le développement d'un projet

L'objectif final d'un projet est la livraison d'un produit fabriqué par des personnes, selon un processus bien déterminé. La figure (figure 12) représente l'interaction entre les trois éléments qui interviennent dans le cadre du développement logiciel : les produits, les personnes et le processus dans l'activité de capture des besoins.

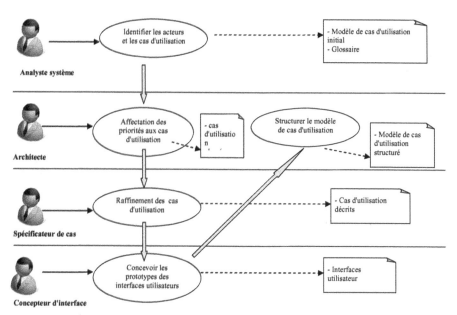

Figure 12 : les trois P de la capture des besoins

5. Conclusion

Dans ce chapitre, l'activité de capture des besoins a été définie, en présentant les différentes sous activités, ainsi que les différents intervenants responsables de ces activités et les artéfacts des activités.

Chapitre 3 : L'analyse

1. Introduction

L'objectif principal de l'analyse est de construire un modèle d'analyse qui présente une spécification précise des besoins. Il doit structurer les besoins de façon à faciliter leur compréhension. C'est un premier pas vers le modèle de conception.

2. Les sous activités de l'analyse

2.1 L'analyse architecturale

Il s'agit d'identifier des paquetages d'analyse et les classes d'analyse clé contenues dans ces paquetages.

Cette étape permet d'affecter les cas d'utilisation aux paquetages. Un cas d'utilisation peut concerner plusieurs cas d'utilisation. Un paquetage peut avoir comme origine plusieurs cas d'utilisation. L'identification des paquetages d'analyse est exprimée par une traçabilité entre le modèle de cas d'utilisation et le modèle d'analyse :

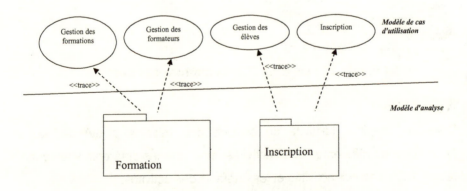

Figure 13 : traçabilité entre le modèle de cas d'utilisation et le modèle d'analyse

Suite à la traçabilité, un diagramme de paquetage est utile pour exprimer les dépendances entre les paquetages. Dans l'exemple de la gestion de formation (voir énoncé en annexe), les paquetages d'analyse sont par exemple :

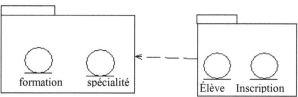

Figure 14 : diagramme de paquetages

2.1 L'analyse des cas d'utilisation

2.1.1 Analyse du cas d'utilisation «s'authentifier»

Il s'agit d'identifier les classes qui participent dans la réalisation d'un cas d'utilisation donné. Elle est exprimée par une traçabilité entre le modèle de cas d'utilisation et le modèle d'analyse. Dans l'exemple de la gestion de la formation (voir énoncé en annexe), par exemple l'identification des classes d'analyse concernant le cas d'utilisation "s'authentifier" est la suivante :

A. **Traçabilité entre le modèle d'analyse (MA) et le modèle de cas d'utilisation (MCU):**

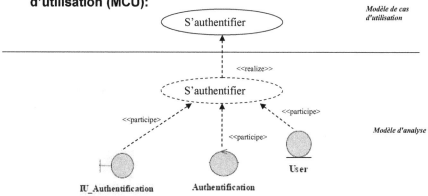

Figure 15 : traçabilité entre le MCU et le MA du ca d'utilisation "s'authentifier"

39

Les classes d'analyse représentent une abstraction pour modéliser un ensemble d'objets de même nature. Il existe 3 types de classes : *Les classes "interface utilisateur", "Les classes entité"* et les classes *"contrôle".*

Les classes "interface utilisateur" : utilisées pour modéliser la frontière et l'interaction entre le système te les acteurs. Elles concernent des abstractions d'écrans de saisie, et d'affichage, des états, etc. qui peuvent être programmées ou générés par des macro commandes. Elles dépendent de la technologie de développement par exemple avec VB, on trouve les stéréotypes forms ou contrôle activeX Chaque classe interface utilisateur concerne au moins un acteur. Par exemple, l'interface utilisateur relative à l'authentification peut être représentée par l'icône suivante :

IU_Authentification

Les classes "entité" : représentent les informations persistantes (implique souvent l'implication d'un SGBD = tables d'une BD). Par exemple l'utilisateur (user) est une classe entité qui peut être représentée par l'icône suivante ::

User

Les classes "contrôle" : elles concernent la coordination, le séquencement des autres classes (se trouvent entre les classes entité et interface utilisateur pour éviter un fort couplage entre elles). Elles gèrent la distribution des classes entre les différents nœuds, ainsi que leurs transactions. Par exemple, la classe contrôle relative à l'authentification peut être représentée par l'icône suivante ::

Authentification

B. Diagramme de classes d'analyse

C'est un diagramme de classes qui regroupe des classes d'analyse (entités, contrôle et Interfaces utilisateurs) en relation. Dans l'exemple de la gestion de la formation (voir énoncé en annexe), par exemple le diagramme de classes concernant le cas d'utilisation "Authentification" est le suivant :

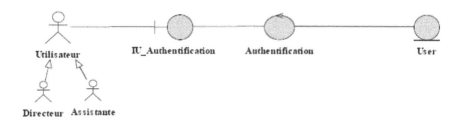

Figure 16 : Diagramme de classes d'analyse du cas d'utilisation "Authentification"

C. Diagramme d'interaction (collaboration ou séquence)

C'est un diagramme qui décrit les interactions entre les différents objets. Dans l'exemple de la gestion de la formation (voir énoncé en annexe), par exemple le diagramme de collaboration concernant le cas d'utilisation "Authentification" est le suivant :

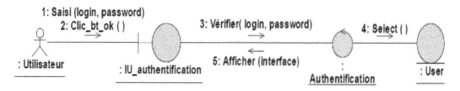

Figure 17 : Diagramme de collaboration du modèle d'analyse pour CU "S'authentifier"

Le diagramme de collaboration (figure 17) exprime un scénario de succès d'authentification :

- L'utilisateur saisit le login et le mot de passe (message 1) et clique sur un bouton (ok) pour se connecter (message 2).
- Le système vérifie leur existence du login et du mot de passe (message 3 et 4).
- Si l'utilisateur existe, le système affiche le menu principal de l'application (message 5)

2.1.2 Analyse du cas d'utilisation «gestion des spécialités»

A. Traçabilité entre le modèle d'analyse et le modèle de cas d'utilisation :

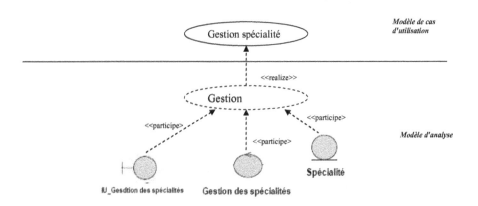

Figure 18 : traçabilité entre le MCU et le MA du ca d'utilisation "gestion spécialité"

B. Diagramme de classes d'analyse

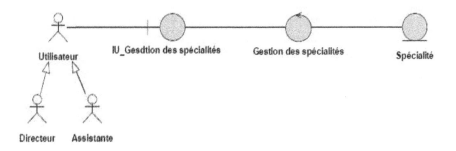

Figure 19 : Diagramme de classes d'analyse "gestion spécialité"

C. Diagramme de collaboration du cas d'utilisation «ajouter spécialité» :

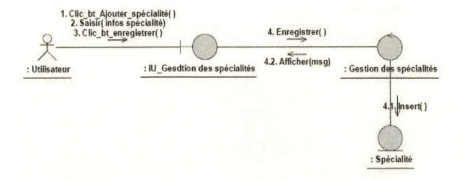

Figure 20 : Diagramme de collaboration "ajouter spécialité"

Le scénario d'ajout d'une spécialité (figure 20) est le suivant :

- L'utilisateur clique sur bouton «Ajouter spécialité» (message 1)
- L'utilisateur saisit les données nécessaires (code
- spécialité, libellé …) (message 2)
- L'utilisateur clique sur le bouton Enregistrer (message 3)
- Le système vérifie si le code n'existe pas, le système enregistre les données (message 4 et 4.1)
- Le système affiche un message indiquant que l'opération d'ajout a été effectuée avec succès (message 4.2).

2.1.3 *Analyse du cas d'utilisation «gestion des diplômes» :*

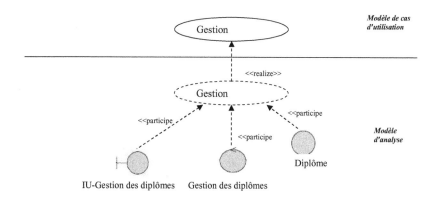

Figure 21 : traçabilité entre le MCU et le MA du ca d'utilisation "gestion diplôme"

Diagramme de classe du modèle d'analyse pour CU gestion des diplômes :

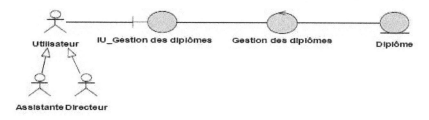

Figure 22 : Diagramme de classes d'analyse du cas d'utilisation "gestion diplôme"

Diagramme de collaboration du modèle d'analyse pour CU Ajouter diplôme :

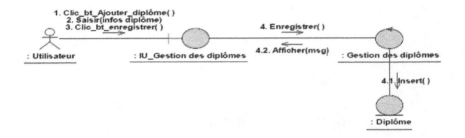

Figure 23 : Diagramme de collaboration du cas d'utilisation "ajouter diplôme"

Le scénario d'ajout représenté dans ce diagramme de collaboration est le suivant :

L'utilisateur clique sur le bouton «Ajouter diplôme» (message 1)

L'utilisateur saisit les données relatives au diplôme (message 2) et clique sur le bouton «Ajouter diplôme» (message 3)

Le système vérifie l'existence du diplôme (message 4 et 4.1) et affiche un message de confirmation d'ajout du diplôme (message 4.2)

Diagramme de collaboration du modèle d'analyse pour CU «consulter diplôme» :

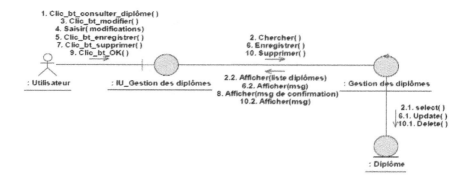

Figure 24 : Diagramme de collaboration du CU "consulter diplôme"

Le scénario de consultation qui est représenté dans ce diagramme de collaboration représente une consultation, puis une modification, puis une suppression d'un diplôme :

- *L'utilisateur clique sur le bouton «Consulter». (message 1)*
- *Le système cherche le diplôme (message 2 et 2.1)*
- *Le système lui affiche le premier diplôme (message 2.2), l'utilisateur peut cliquer sur les boutons de navigations («Suivant», «Précédent») pour parcourir la liste des diplômes et choisir un diplôme. Dans ce scénario, on suppose que c'est le premier diplôme qui est consulté.*
- *L'utilisateur clique sur le bouton «Modifier». (message 3)*
- *L'utilisateur saisie les nouvelles données (message 4) et clique sur le bouton «enregistrer». (message 5)*

- *Le système enregistre les nouvelles données (messages 6 et 6.1) et affiche un message de confirmation (message 6.2)*

- *L'utilisateur clique sur le bouton «supprime». (message 7) pour supprimer ce diplôme*

- *Le système affiche un message demandant le confirmation de la suppression (message 8)*

- *L'utilisateur clique sur le bouton «OK». (message 9) pour confirmer la suppression.*

- *Le système supprime le diplôme (messages 10 et 10.1) et affiche un message informant que la suppression a été effectuée (message 10.2)*

2.1.4 Analyse du cas d'utilisation «Gestion des formations» :

Diagramme de classe du modèle d'analyse du CU «Gestion des Formations» :

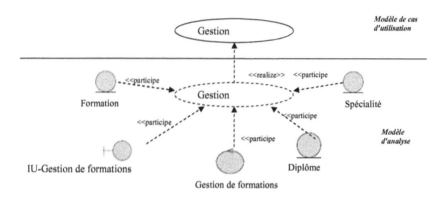

Figure 25 : Traçabilité entre le MCU et le MA du CU "gestion formation"

Diagramme de classes du modèle d'analyse pour le CU «gestion Formation» :

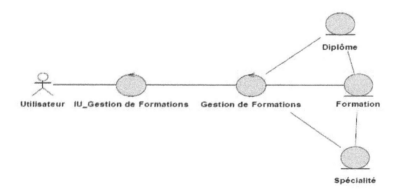

Figure 26 : Diagramme de classes d'analyse du CU «gestion Formation»

Diagramme de collaboration du modèle d'analyse pour le CU «Ajouter Formation» :

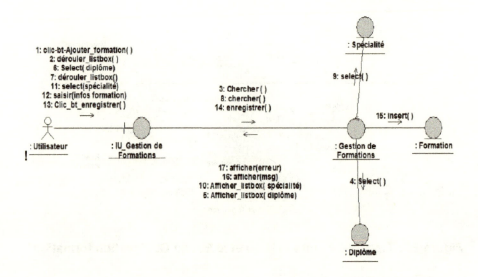

Figure 27 : Diagramme de collaboration du CU «Ajouter Formation»

Le scénario d'ajout d'une formation comprend l'enchainement suivant :

- L'utilisateur clique sur bouton «Ajouter Formation» (message 1)
- Le système affiche le contenu de la liste Box relative aux diplômes (messages 2, 3, 4 et 5)
- L'utilisateur sélectionne un diplôme de la liste (message 6).
- Le système affiche le contenu de la liste Box relative aux spécialités (messages 7, 8, 9 et 10)
- L'utilisateur sélectionne une spécialité de la liste (message 11).
- L'utilisateur saisit les données nécessaires (code, libellé, …) (message 12)
- L'utilisateur clique sur le bouton «Enregistrer» (message 13)

- Le système vérifie si le code n'existe pas, le système enregistre les données (messages 15)

- Le système affiche un message indiquant que l'opération d'ajout a été effectuée avec succès (message 16) ou bien un message d'erreur en cas d'anomalie (message 17).

Diagramme de collaboration du modèle d'analyse pour le CU «modifier Formation»

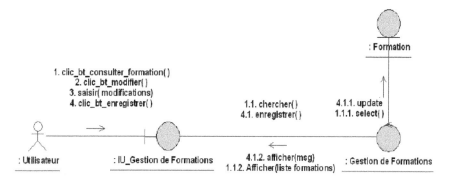

Figure 28 : Diagramme de collaboration du CU «modifier Formation»

- *L'utilisateur clique sur le bouton «formation». (message 1)*

- *Le système cherche la formation (message 1.1 et 1.1.1)*

- *Le système lui affiche la première formation (message 1.1.2), l'utilisateur peut cliquer sur les boutons de navigations («Suivant», «Précédent») pour parcourir la liste des formations et choisir une formation. Dans ce scénario, on suppose que c'est la première formation qui est consultée.*

- *L'utilisateur clique sur le bouton «Modifier». (message 2)*

- *L'utilisateur saisie les nouvelles données (message 3) et clique sur le bouton «enregistrer». (message 4)*
- *Le système enregistre les nouvelles données (messages 4.1 et 4.1.1) et affiche un message de confirmation (message 4.1.2)*

2.2 L'analyse des classes

L'objectif est d'identifier les attributs et les opérations principaux de chaque classe, ainsi que les leurs responsabilités (rôle de la classe).

2.3 L'analyse des paquetages

Il s'agit d'actualiser et/ou de définir des liens de dépendance entre les paquetages ; il faut s'assurer également que les paquetages contiennent les classes qui conviennent.

3. Description des artéfacts de l'analyse

3.2 Les classes d'analyse

Représentent les 3 types de classes : *Les classes "interface utilisateur", "Les classes entité"* et les classes *"contrôle".*

3.3 La traçabilité entre le modèle de cas d'utilisation et le modèle d'analyse

Représente un lien entre les deux modèles. Elle permet d'identifier les classes qui vont participer dans la réalisation d'un cas d'utilisation.

3.4 Diagramme de classes d'analyse

Représente les différentes classes qui sont utilisées dans le cadre d'un cas d'utilisation donné. Les classes ne contiennent ni attributs ni opérations ou très peu (les plus intéressant du domaine). La classe *"contrôle"* est toujours liée aux autres classes *"entité"* et *"interface utilisateur".*

3.5 Diagramme d'interaction

Le diagramme de séquences peut être utilisé pour décrire les interactions entre les différents objets. Cependant, c'est le diagramme de collaboration (diagramme de communication dans UML2) qui est le plus utilisé à ce stade.

3.6 Les paquetages

Ils permettent de grouper des éléments ensemble selon un point de vue structurel, fonctionnel.

3.7 La description de l'architecture

Elle est Représentée par un diagramme de paquetage exprimant les liens de dépendance entre les différents paquetages, ainsi que les classes entités clé qui sont contenues dans chaque paquetage.

4. Description des travailleurs de l'analyse

4.1 L'architecte

Il est responsable de la cohérence de l'ensemble du modèle d'analyse, il doit veiller à ce que les paquetages soient bien définis et les liens de dépendance qui existent entre eux soient bien définis.

4.2 L'ingénieur de cas d'utilisation

Il est responsable de la réalisation d'un ou de plusieurs cas d'utilisation. Il doit s'assurer que toutes les descriptions textuelles et les diagrammes sont lisibles et remplissent leur mission.

4.2 L'ingénieur de composants

Il est responsable des classes d'analyse : identifier les attributs, les opérations, ainsi que les paquetages d'analyse pour s'assurer de leur cohérence et leurs dépendances.

5. Les 3 P (Personne, Processus, Produit) de l'analyse

La figure (figure 29) représente l'interaction entre les trois éléments qui interviennent dans le cadre du développement logiciel : les produits, les personnes et le processus dans l'activité d'analyse.

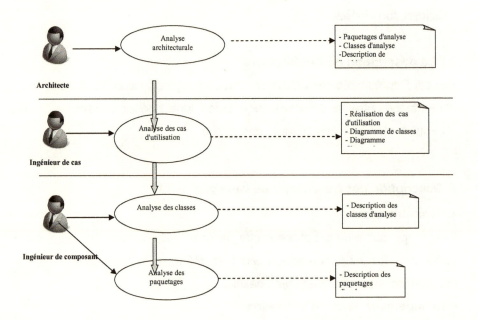

Figure 29 : Les 3 P de l'analyse

6. Conclusion

Dans ce chapitre, l'activité d'analyse a été introduite, en présentant les sous activités, les intervenants et les artéfacts de cette activité.

Chapitre 4 : La conception

1. Introduction

Consiste à affiner la description déjà faite dans l'analyse, son rôle est de façonner le système en lui donnant une forme et une architecture bien précise.

2. Les sous activités de la conception

2.1 La conception architecturale

Elle a pour rôle de tracer les grandes lignes du modèle de conception et du modèle de déploiement ; Elle comprend essentiellement l'identification des nœuds et des sous systèmes

2.1.1 Identification des nœuds

Il s'agit d'un diagramme de déploiement représentant l'architecture matérielle du système qui regroupe les composants matérielles et les relations entres ces composants.

Dans l'exemple de la gestion de la formation (voir énoncé en annexe), par exemple le diagramme de déploiement est le suivant :

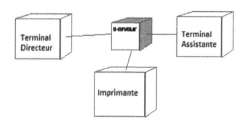

Figure 30 : diagramme de déploiement

2.1.2 Identification des sous systèmes

L'objectif est l'identification des sous systèmes relatifs à l'application. Les le point de départ sont les paquetages d'analyse. Les sous systèmes décrivent les différentes couches. Dans le modèle OSI par exemple, il existe 6 couches :

• **La couche «application»** est le point d'accès aux services réseaux, elle n'a pas de service propre spécifique et entrant dans la portée de la norme.

• **La couche «présentation»** est chargée du codage des données applicatives, précisément de la conversion entre données manipulées au niveau applicatif et chaînes d'octets effectivement transmises.

• **La couche «session»** gère la synchronisation des échanges et les «transactions», permet l'ouverture et la fermeture de session.

• **La couche «transport»** gère les communications de bout en bout entre processus (programmes en cours d'exécution).

• **La couche «réseau»** gère les communications de proche en proche, généralement entre machines : routage et adressage des paquets (cf. note ci-dessous).

• **La couche «liaison de données»** gère les communications entre 2 machines adjacentes, directement reliées entre elles par un support physique.

• **La couche «physique»** est chargée de la transmission effective des signaux entre les interlocuteurs. Son service est limité à l'émission et la réception d'un bit ou d'un train de bit continu (notamment pour les supports synchrones).

Selon le modèle TCP/IP, il existe 4 couches :

• La **Couche "Application"** Contrairement au modèle OSI, c'est la couche immédiatement supérieure à la couche transport, tout simplement parce que les couches présentation et session sont apparues inutiles. On s'est en effet aperçu avec l'usage que les logiciels réseau n'utilisent que très rarement ces 2 couches. Cette couche contient tous les protocoles de haut niveau, comme par exemple Telnet, TFTP (trivial File Transfer Protocol), SMTP (Simple Mail Transfer Protocol), HTTP (HyperText Transfer Protocol).

• La **Couche "transport"** permet le transfert des données et les contrôles qui permettent de vérifier l'état de la transmission. Son rôle est le même que celui de la couche transport du modèle OSI : permettre à des entités paires de soutenir une conversation.

• La **couche "INTERNET"** cette couche réalise l'interconnexion des réseaux (hétérogènes) distants sans connexion. Son rôle est de permettre l'injection de paquets dans n'importe quel réseau et l'acheminement des ces paquets indépendamment les uns des autres jusqu'à destination.

• La **couche "Accès réseau"** spécifie la forme sous laquelle les données doivent être transmises. Cette couche regroupe les couches physiques et liaison de données du modèle OSI.

Il existe des points communs entre les modèles OSI et TCP/IP : ils sont tous les deux fondés sur le concept de pile de protocoles indépendants. Ensuite, les fonctionnalités des couches sont globalement les mêmes.

Modèle TCP/IP	correspondance en OSI
Couche application	Application
	Présentation
	Session
Couche Transport	Transport
Couche Internet	Réseau
Couche Accès réseau	Liaison de donnée
	Physique

L'architecture est représentée par un diagramme de paquetages montrant les dépendances entre les différents sous systèmes des différentes couches relatives à une architecture donnée.

2.2 La conception des cas d'utilisation

Comprend 3 sous activités : L'identification des classes de conception, la réalisation d'un diagramme de classes et la réalisation d'un diagramme d'interaction.

2.2.1 Identification des classes de conception

C'est une traçabilité entre le modèle d'analyse et le modèle de conception. Dans l'exemple de la gestion de la formation (voir énoncé en annexe), par exemple l'identification des classes de conception concernant le cas d'utilisation "Authentification" est la suivante :

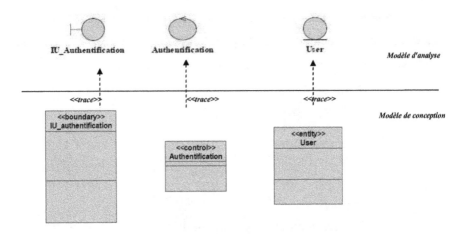

Figure 31 : Traçabilité entre le MA et le MC du cas d'utilisation "Authentification"

2.2.2 Diagramme de classes de conception

Les classes doivent avoir tous les attributs et toutes les opérations. Les stéréotypes : "entity", "control" et "boundary" sont utilisés pour renseigner les types des classes. On peut également utiliser des stéréotypes nouveaux crées par le concepteur en cas de besoin. Ces stéréotypes peuvent être inspirés de l'environnement de développement. Par exemple si on développe avec VB, les classes interfaces utilisateur peuvent être stéréotypées "forms" au lieu de "boundary". Si on développe avec JAVA, les classes interfaces utilisateur peuvent être stéréotypées "frame" au lieu de "boundary".

Dans le diagramme de classes de conception, un attribut doit exister une seule fois et rattaché à une seule classe (surtout les classes entités ce sont des futures tables de base de données). Dans l'exemple de la gestion de la formation (voir énoncé en annexe), par exemple le diagramme de classes de conception concernant le cas d'utilisation "Authentification" est le suivant :

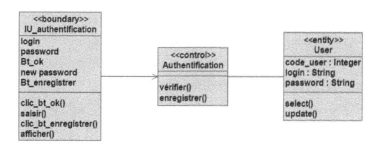

Figure 32 : Diagramme de classes de conception du CU "Authentification"

2.2.3 Diagramme d'interaction (diagramme de séquences)

Le diagramme d'interaction doit décrire un scénario de cas d'utilisation, il montre l'interaction des objets au moment de l'exécution du système à un instant donné.

Un diagramme de collaboration (de communication selon UML2) peut être utilisé, mais le plus utilisé c'est un diagramme de séquences, car plus facile à lire, peut combiner certains scénarios en utilisant les fragments combinés d'UML2.

Dans le diagramme d'interaction, il faut que chaque message corresponde à une opération dans la classe de l'objet qui reçoit le message. Dans l'exemple de gestion de la formation (voir énoncé en annexe), par exemple le diagramme de séquences concernant le cas d'utilisation "Authentification" exprime deux scénarii, celui avec succès d'authentification et celui avec échec d'authentification :

- L'utilisateur saisit le login et le mot de passe
- L'utilisateur clique sur un bouton (ok) pour se connecter
- Le système vérifie leur existence du login et du mot de passe en accédant avec une requête de sélection à l'entité (table) «user»
- Si l'utilisateur existe, le système affiche le menu principal de l'application (Scénario 1)
- Si l'utilisateur n'existe pas, le système un message d'erreur (Scénario 2)

Il faut signaler que pour exprimer les deux scénarii, L'opérateur «ALT» (Alternative) a été utilisé.

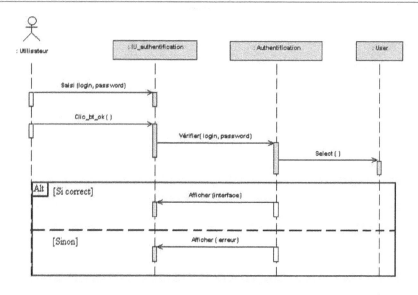

**Figure 33 : Diagramme de séquence du cas d'utilisation
"Authentification"**

2.2.4 Conception du cas d'utilisation «Gestion des spécialités»

2.2.4.1 Traçabilité entre le modèle de conception et le modèle d'analyse

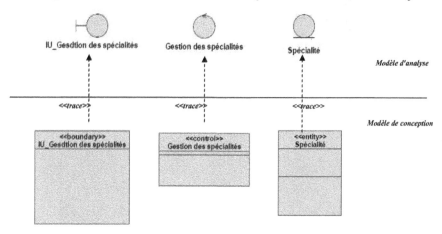

Figure 34 : traçabilité entre le MA et le MC du CU "gestion spécialité"

2.2.4.2 Diagramme de classes du CU «Gestion des spécialités»

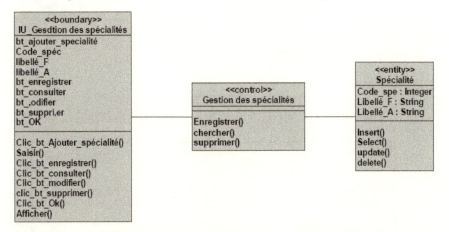

Figure 35 : Diagramme de classes de conception du CU "gestion spécialité"

2.2.4.3 Diagramme de séquence du modèle du CU «Ajouter spécialité»

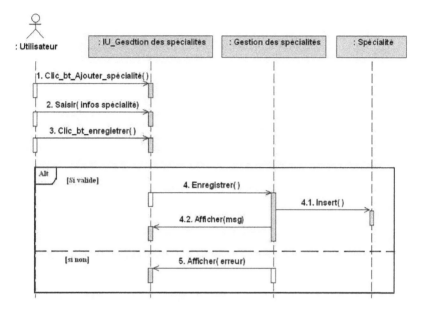

Figure 36 : Diagramme de séquences du CU "Ajouter spécialité"

2.2.4.4 Diagramme de séquence du CU «Consulter spécialité»

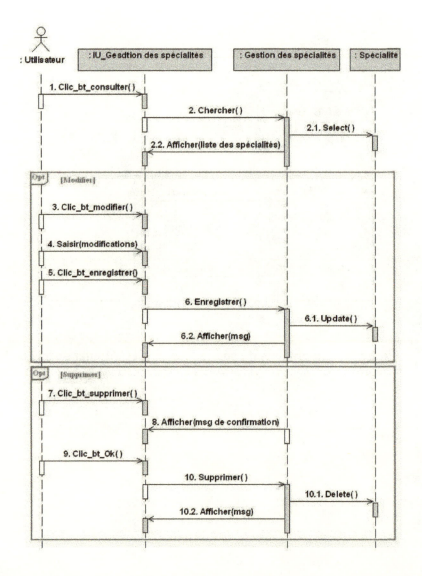

Figure 37 : Diagramme de séquences du CU "Consulter spécialité "

2.2.5 Conception du CU «Gestion diplôme»

2.2.5.1 Traçabilité entre le modèle de conception et le modèle d'analyse

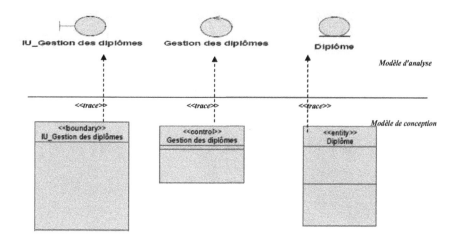

Figure 38 : Traçabilité entre le MA et le MC du CU "Gestion diplome"

2.2.5.2 Diagramme de classes du CU «gestion diplôme»

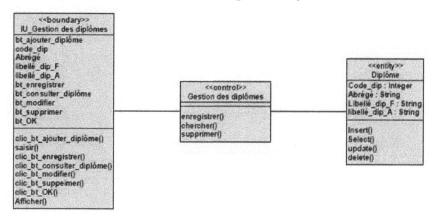

Figure 39 : Diagramme de classes de conception du CU "gestion diplôme"

2.2.5.3 Diagramme de séquence du CU «Consulter diplôme»

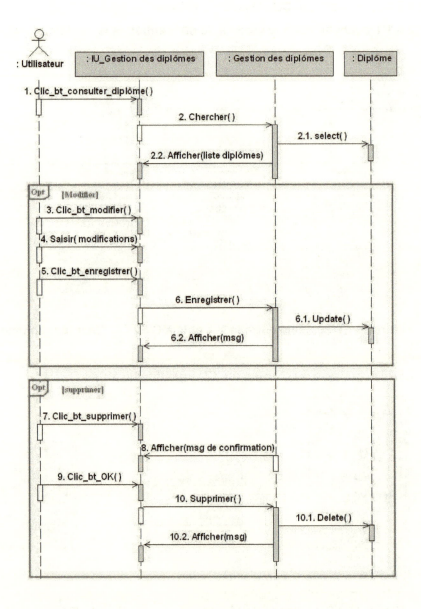

Figure 40 : Diagramme de séquences du CU "Consulter diplôme "

2.2.6 Conception du CU «Gestion formation»

2.2.6.1 Traçabilité entre le modèle de conception et le modèle d'analyse

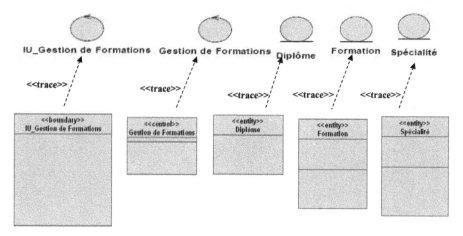

Figure 41: Traçabilité entre le MA et le MC du CU "Gestion formation "

2.2.6.2 Diagramme de classes du CU «Gestion formation»

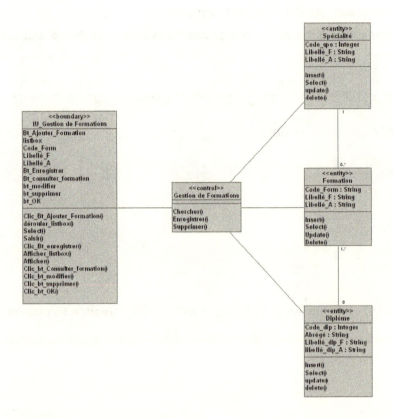

Figure 42 : Diagramme de séquences du CU "Gestion formation"

2.2.6.3 Diagramme du CU «Ajouter formation»

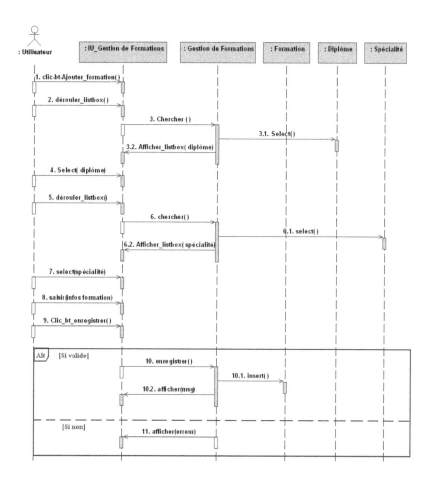

Figure 43 : Diagramme de séquences du CU "Ajouter formation"

2.2.6.4 Diagramme de séquences du CU «Consulter formation»

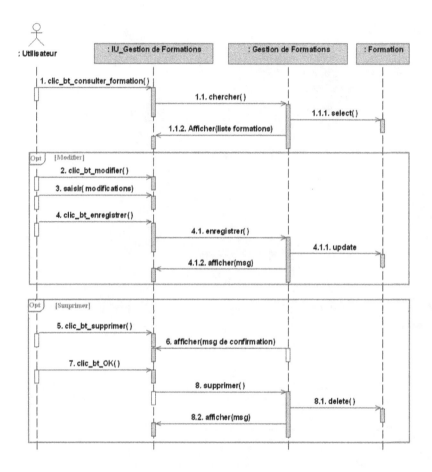

Figure 44 : Diagramme de séquences du CU "consulter formation"

2.3 La conception des classes

Elle consiste à actualiser la liste des attributs et des opérations dans toutes les classes et de s'assurer des relations qui existent entre les différentes classes.

2.3.1 La conception des classes entités

La conception des classes entités implique de déterminer le schéma de la future base de données (Modèle Logique de données selon Merise)
Les règles de passage vers le modèle relationnel sont les suivantes :

• Chaque classe entité devient une table. Il faut choisir un des attributs comme clé primaire de la table (respecte les contraintes d'une clé primaire : non nul, stable,...). Si aucun attribut ne peut être une clé primaire, on peut en ajouter un (par exemple un nombre auto incrémental)

• Les associations plusieurs à plusieurs deviennent également des tables, la clé primaire est la concaténation des différentes clés primaires des tables relatives aux classes associées.

• Les associations 1 vers plusieurs (père-fils) : implique la migration d'une clé étrangère (celle de la table père vers la table fils).

• Les associations un à un : impliquent la migration de la clé étrangère de la table la plus ancienne dans la table la plus récente.

• Dans le cas d'une généralisation-spécialisation, il existe 2 solutions :

- La classe mère et les classes filles deviennent des tables avec des clés primaires différentes. La clé primaire de la table mère devient une clé étrangère dans les tables filles.

- Les tables relatives aux classes mère et filles auront la même clé primaire.

Le diagramme de classes entités relatif aux cas d'utilisation déjà conçus est le suivant :

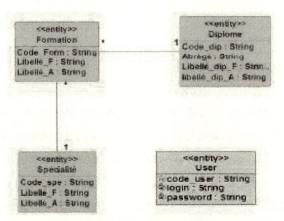

Figure 45 : diagramme des classes entités

Le Schéma de la base de données relatif au diagramme des classes entités (figure 45) est le suivant :

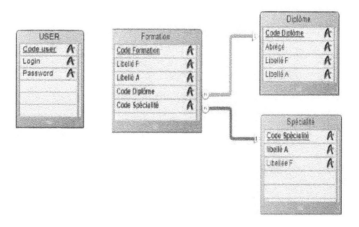

Figure 46 : Schéma de la Base de Données

2.3.1 La conception des classes contrôles

La conception de classes contrôles implique la définition des méthodes relatives à ces classes. C'est un algorithme qui peut être exprimé par un diagramme dynamique d'UML (diagramme d'activités, diagramme de séquences, ...) ou un pseudo code

2.4 La conception des sous systèmes

Il s'agit de s'assurer que chaque sous système remplit sa mission. Il s'agit également d'actualiser ou mettre à jour le contenu de chaque des sous systèmes ainsi que les liens de dépendances qui existent entre eux.

3. Description des artéfacts de la conception

3.1 Le modèle de conception

Il comporte les sous systèmes, les classes les diagrammes de séquences, le schéma de la BD la définition de certaines méthodes (les algorithmes).

3.2 Les classes de conception

Les classes de conception doivent contenir toutes les opérations, tous les attributs ainsi que les relations entre ces classes.

3.3 La conception des cas d'utilisation

Comprend plusieurs sous activités

- La traçabilité : qui exprime le lien est l'activité d'analyse et de la conception.

- Le diagramme de classes

- Le diagramme de séquences (ou un autre diagramme d'interaction)

4. Description des travailleurs de la conception

4.1 L'architecte

Il est responsable de la totalité du modèle de conception. Il est également responsable de l'architecture du système et du modèle de déploiement.

4.2 L'ingénieur des cas d'utilisation

Il est responsable de la conception et de l'intégrité d'un ou de plusieurs cas d'utilisation.

4.3 L'ingénieur de composants

Définit et actualise les opérations, méthodes, attributs, etc. et l'implémentation de certaines classes de conception.

5. Les 3 P (Personne, Processus, Produit) de la conception

La figure (figure 47) représente l'interaction entre les trois éléments qui interviennent dans le cadre du développement logiciel : les produits, les personnes et le processus dans l'activité de conception.

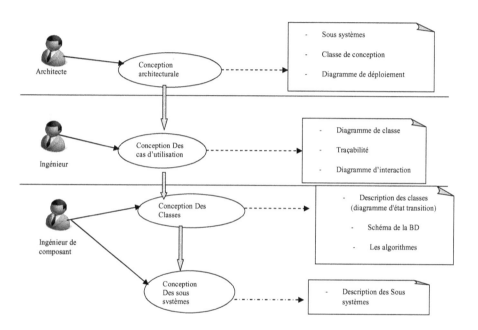

Figure 47 : Les 3 P de la conception

5. Conclusion

Dans ce chapitre, l'activité de conception, troisième activité du processus unifié a été présentée, en insistant sur les sous activités, les artéfacts et les personnes participantes dans cette activité.

Chapitre 5 : L'implémentation

1. Introduction

Cette activité consiste à implémenter le système sous forme de composants code source, exécutables, etc. Elle permet d'avoir l'architecture du logiciel sous forme d'un diagramme de composants. Les composants sont reliés entre eux à travers des liens de dépendance.

2. Les sous activités de l'implémentation

2.1 L'implémentation architecturale

L'objectif est d'identifier à partir de la vue Architecturale du modèle de conception. Les sous-systèmes d'implémentation, ainsi que les composants qui leurs appartiennent.

Il s'agit également d'identifier les composants exécutés sur les différents nœuds.

Les sous systèmes d'implémentations regroupent un ensemble de composant. Selon l'environnement de programmation cela pourrait être en java des paquetages, en VB c'est un projet, en C++ sa pourrait être des répertoires.

2.2 L'implémentation des cas d'utilisation

Cette activité commence par l'identification des composants, c'est la traçabilité entre le modèle de conception (MC) et le modèle d'implémentation (MI). Ensuite, il faut procéder à l'établissement d'un diagramme de composants qui exprime la relation de dépendance entre les différents composants.

Cette activité dépend étroitement de l'environnement de développement : langage de programmation, Système de Gestion de Base de Données (SGBD), etc. Dans l'exemple de la gestion de formation (voir énoncé en annexe), par exemple l'identification des composants concernant le cas d'utilisation "Authentification", en supposant que le langage de programmation est VB et le SGBD est Access, est la suivante :

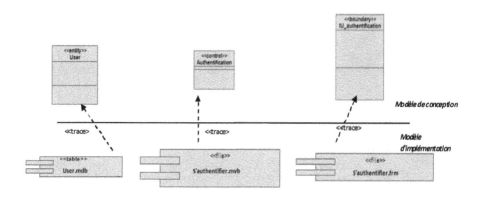

Figure 48 : Traçabilité entre le MC et le MI du CU "Authentification"

Le diagramme de composants relatif au même cas d'utilisation est le suivant :

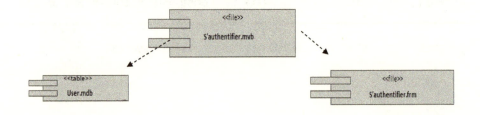

Figure 49 : Diagramme de composants du CU "Authentification"

2.3. L'intégration du système

Cette activité a pour objectif de créer un plan d'intégration des cas d'utilisation on tenant compte des implémentations précédentes, puisque le logiciel est construit de façon incrémentale.

2.4. Implémentation des sous-systèmes

Il s'agit dans cette sous activité de s'assurer que les sous-systèmes remplissent leurs rôles, en s'assurant également que les besoins sont correctement implémentés dans les composants contenus dans les sous-systèmes.

2.5. Implémentation des classes

L'objectif est d'implémenter les classes de conception, ainsi que les interactions entre les objets de ces classes dans des composants. C'est le codage en fichiers sources, tables, ...

2.6. Effectuer les tests unitaires

Les tests unitaires permettent de vérifier le bon fonctionnement d'un composant pour détecter les erreurs éventuelles.

3. Description des artéfacts de l'implémentation

3.1 Le modèle d'implémentation

Décrit la façon dont les éléments du modèle de conception sont implémentés dans les composants. Le modèle d'implémentation regroupe tous les artéfacts qui suivent.

3.2 Le composant

C'est l'implémentation d'éléments du modèle tels que les classes de conception et les interactions entre les objets de ces classes. Plusieurs stéréotypes sont utilisés tels que <<table>> pour indiquer une table de base de données, <<file>> pour indiquer un fichier de code source, etc.

3.3 Le sous système d'implémentation

Les Sous système d'implémentation offrent un moyen pour regrouper les composants. Il peut aussi fournir des fonctions ou des opérations (interfaces) qui peuvent être exportées vers d'autres sous systèmes

3.4 Le plan de construction de l''intégration

Il peut comprendre les séquences d'implémentation nécessaires au cours de l'itération en cours. C'est-à-dire les méthodes qui doivent être implémentées en priorité, la liste des composants nécessaires à l'implémentation de ces méthodes : Table ; Bibliothèque, ...

4. Description des travailleurs de l'implémentation

4.1 L'architecte

Il est responsable de l'intégrité du modèle d'implémentation dont il doit assurer l'exactitude, la cohérence

4.2 L'ingénieur de composant

Il définit et actualise le code des composants, il est aussi responsable de l'intégrité des sous systèmes d'implémentation qui le concernent.

4.3 L'intégrateur du système

Il planifie les séquences de construction nécessaires pour chaque itération et l'intégration des différents cas d'utilisation implémentés.

5. Les 3 P (Personne, Processus, Produit) de l'implémentation

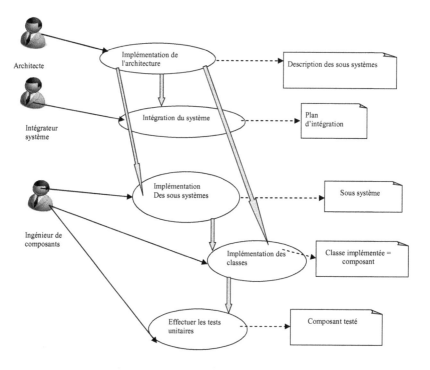

Figure 50 : Les 3 P de l'implémentation

5. Conclusion

Dans ce chapitre, l'activité d'implémentation, quatrième activité du processus unifié a été présentée, en insistant sur les sous activités, les artéfacts et les personnes participantes dans cette activité.

Chapitre 6 : Le test

1. Introduction

Cette activité s'intéresse à la vérification du résultat de l'implémentation, en testant chaque version du logiciel.

2. Les des sous activités de l'activité test

2.1 Planifier les tests

Dans cette sous activité, il faut décrire la stratégie des tests en précisant ce qu'il faut tester et le calendrier des tests. Il faut évaluer également les besoins pour les tests : personnels, temporels, matériels...

2.2 Concevoir les tests

Il faut définir et décrire les tests nécessaires dans chaque itération et préciser les procédures et les conditions de réalisation des tests. On peut faire appel à des diagrammes UML, tels qu' un diagramme de séquence pour concevoir les tests.

2.3. Implémenter les tests : Certain tests peuvent être automatisés

L'objectif est d'automatiser les tests en écrivant des programmes pour accélérer les tests et avoir des résultats plus intéressants que ceux réalisés par un être humain.

2.4. Effectuer les tests d'intégrations

C'est le fait de tester si les composants interagissent correctement et informer en cas d'anomalie l'ingénieur de test et l'ingénieur de composant si le test est automatisé.

2.5. Effectuer les tests du système

C'est le fait de tester si le système fonctionne correctement dans son ensemble. En cas d'anomalies il faut informer l'ingénieur de test et l'ingénieur de composant.

2.6. Evaluer les tests

C'est une mesure de la fiabilité du test. Éventuellement, d'autres tests peuvent être ajoutés ou proposés.

3. Description des artéfacts de l'activité Test

3.1 Modèle de test

Regroupe l'ensemble des artéfacts qui suivent

3.2 Cas de test

Spécifie une manière de tester les cas d'utilisation du système, en précisant les entrées et les résultats attendus du test, ainsi que les conditions dans lesquelles le test peut être effectué.

3.3 Procédure de test

Elle spécifie les étapes (algorithme) d'exécution d'un ou de plusieurs cas de test

3.4 Composants de test

C'est un programme écrit dans un langage de programmation donné pour automatiser les tests.

3.5 Plan de test

Il décrit les types, les objectifs et les stratégies des tests et un calendrier d'exécution de ces tests, ainsi que les ressources nécessaires.

3.6 Anomalie

C'est un échec ou un problème découverts lors d'un test.

3.7 Evaluation d'un test

C'est l'évaluation des résultats des tests. Elle concerne principalement la couverture des tests et l'état des anomalies détectées.

4. Description des travailleurs de l'activité Test

4.1 Ingénieur de Test

Il doit veiller à l'intégrité du modèle de test. C'est un planificateur et également un concepteur des tests. Il décrit les cas des tests et les procédures correspondantes.

4.2 Ingénieur de composant

Il est responsable des composants de test qui automatisent certains tests.

4.3 Testeur d'intégration

Il est chargé d'effectuer des tests d'intégration dans chaque itération. Cela permet de s'assurer que les nouveaux composants intégrés et ceux déjà implémentés fonctionnent correctement ensemble.

4.4 Testeur de système

Il est chargé d'effectuer les tests exigés par une itération donnée.

5. Les 3 P (Personne, Processus, Produit) de l'activité Test

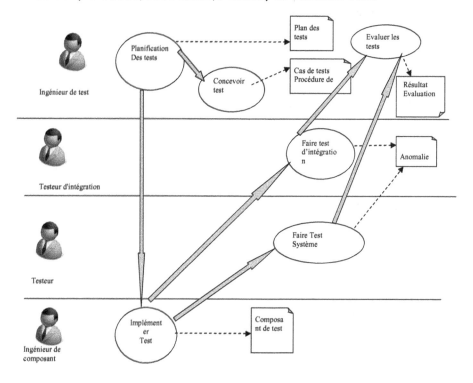

Figure 51 : Les 3 P de l'activité Test

6. *Conclusion*

Dans ce chapitre, l'activité Test, cinquième et dernière activité du processus unifié a été présentée, en insistant sur les sous activités, les artéfacts et les personnes participantes dans cette activité.

Bibliographie

[1]   UML en action : de l'analyse des besoins à la conception en java. Pascal Roques, Frank Vallée. Edition Eyrolles 1999.

[2]   Le processus unifié de développement logiciel. Ivar Jacobson, Grady Booch, James Rumbaugh. Edition Eyrolles 2003.

[3]   UML et les design Patterns. Craig Larman. Edition Campus Press 2002.

Annexes

ETUDE DE CAS
Gestion de la Formation

Une école privée en informatique, offre deux types de formation :

a) La formation standard :

Cette formation qui peut durer une ou deux années selon le type de la formation (BTP, BTS, …). Quand un élève se présente, il doit remplir une fiche de renseignements, choisir le type de formation selon son niveau, payer les frais d'inscription puis il reçoit un emploi de temps indiquant le groupe dans le quel il est inscrit, ainsi que l'ensemble des modules qu'il va étudier.

Un module peut être étudié par plusieurs groupes et assuré par un seul formateur dans

une seule salle de cours. Chaque module à un nombre d'heures bien déterminé et un coefficient.

Le formateur remplit une fiche de présence à chaque séance. La secrétaire saisit la présence des formateurs chaque semaine.

Le système d'évaluation consiste à faire passer aux élèves, par semestre, un examen de contrôle continu sous forme d'un Devoir Surveillé (DS), un examen de Travaux Pratiques (TP) et un examen final. Chaque examen a un coefficient bien déterminé qui va servir pour calculer la moyenne générale de l'élève et délivrer un relevé de notes. Ce relevé de notes est envoyé par poste à l'adresse de l'élève à chaque fin de semestre

Si l'élève échoue dans un module, ce dernier sera repassé dans la session de contrôle.

A la fin de la formation, un diplôme est délivré à chaque élève qui a réussi tous ses examens.

Les formateurs sont payés à la fin de chaque mois, toutefois ils peuvent avoir des avances sur honoraires.

b) Formation accélérée :

Un élève peut se présenter pour suivre un module bien déterminé. Si le module demandé est déjà programmé, l'élève sera intégré dans l'un des groupes existants. Si le module n'est pas encore programmé, la demande reste en attente. La procédure d'inscription est la même que celle des élèves qui suivent une formation standard.

Chaque séance, l'élève signe une feuille de présence. A la fin de la formation une attestation est délivrée à l'élève.

La secrétaire utilise actuellement des outils de bureautiques classiques ; Microsoft Word pour éditer des attestations de présence et les attestations d'inscription pour les élèves, les diplômes, etc.

Le responsable utilise actuellement Microsoft Excel pour établir les relevés des notes, éditer les résultats et suivre les payements des élèves et les règlements des enseignants.

L'objectif est d'automatiser les tâches relatives à la gestion de la formation : la gestion des élèves, la gestion des formateurs, la gestion des matières, la gestion des inscriptions, la gestion des spécialités. L'affectation des matières aux formateurs, l'affectation des matières aux Formations.

L'application doit également permettre d'enregistrer les notes des élèves, d'éditer les relevés des notes des élèves, d'éditer les résultats des élèves, d'éditer les listes des groupes, d'éditer des attestations d'inscription et de présence pour les élèves, d'éditer les diplômes de fin de formation pour les élèves.

L'application doit avoir des interfaces utilisateur lisibles et facile à utiliser. Les états édités doivent être bilingue (français et anglais). L'application doit tourner en réseau et doit avoir un accès sécurisé.

Liste des figures